Esto es lo que quiero ser

Maestro

Heather Miller

Traducción de Carlos Prieto

Heinemann Library
Chicago, Illinois

©2003 Reed Educational & Professional Publishing
Published by Heinemann Library,
an imprint of Reed Educational & Professional Publishing
Chicago, IL

Customer Service 888-454-2279
Visit our website at www.heinemannlibrary.com

Designed by Sue Emerson, Heinemann Library
Printed and bound in the United States by Lake Book Manufacturing, Inc.

07 06 05 04 03
10 9 8 7 6 5 4 3 2 1

Library of Congress Cataloging-in-Publication Data
Miller, Heather.
   [Teacher. Spanish]
   Maestro / Heather Miller.
       p. cm. — (Esto es lo que quiero ser)
Includes index.
Summary: A simple introduction to the work of teachers, including the different types, equipment used, training, daily life, and other aspects of their job.
   ISBN 1-40340-382-1 (HC), 1-40340-604-9 (Pbk)
   1. Teachers—Juvenile literature. 2. Teaching—Vocational guidance—Juvenile literature.
   [1. Teachers. 2. Teaching. 3. Occupations. 4. Spanish language materials] I. Title.
   LB1775 .M61318 2002
   371.1'0023—dc21

                                                           2002068602

Acknowledgments
The author and publishers are grateful to the following for permission to reproduce copyright material:
pp. 4, 6, 11, 15, 18 Brian Warling/Heinemann Library; p. 5 Ernest Braun/Stone/Getty Images; p. 7 Steve Benbow/Stock Boston; pp. 8, 9R Gary Rhijnsburger/Masterfile; p. 9L David Young-Wolfe/PhotoEdit; p. 10 Charles Shoffner/Index Stock Imagery, Inc.; p. 12 Clark Weinberg/The Image Bank/Getty Images; p. 13 Jim Pickerell/Alamy/Stock Connection, Inc.; p. 14 Jay Thomas/International Stock; pp. 16, 17L Lawrence Migdale; p. 17R Doug Menuez/Stock Boston; p. 19 Cheryl A. Ertelt/Visuals Unlimited; p. 20 Pictor International, Ltd./PictureQuest; p. 21 Richard Nowitz/Photo Researchers, Inc.; p. 23 (row 1, L–R) Joe Atlas/Brand X Pictures, David Young-Wolfe/PhotoEdit; p.23 (row 2, L–R) Joe Atlas/Brand X Pictures, Eric Fowke/PhotoEdit; (row 3) Brian Warling/Heinemann Library

Cover photograph by Masterfile
Photo research by Scott Braut

Special thanks to our bilingual advisory panel for their help in the preparation of this book:

Anita R. Constantino
Literacy Specialist
Irving Independent School District
Irving, Texas

Argentina Palacios
Docent
Bronx Zoo
New York, NY

Ursula Sexton
Researcher, WestEd
San Ramon, CA

Aurora García Colón
Literacy Specialist
Northside Independent School District
San Antonio, TX

Leah Radinsky
Bilingual Teacher
Inter-American Magnet School
Chicago, IL

Special thanks to the faculty and students of Stockton School, Chicago, IL, for their help in the preparation of this book.

Unas palabras están en negrita, **así.**
Las encontrarás en el glosario en fotos de la página 23.

Contenido

¿Qué hacen los maestros?

Los maestros nos ayudan
a aprender.

Leen cuentos y contestan preguntas.

Los maestros hacen que aprender
sea divertido.

Hacen proyectos y excursiones.

¿Cómo es el día de un maestro?

El maestro tiene mucho trabajo todo el día.

Los maestros alistan el **salón de clases** todas las mañanas.

Ayudan a todos los niños de la clase.

Dan pruebas y oyen leer a los niños.

¿Qué herramientas usan los maestros?

Los maestros usan **tiza**.

Escriben en un **pizarrón**.

Los maestros usan **computadoras.**

También usan plumas y papel.

¿Dónde trabajan los maestros?

Los maestros trabajan en escuelas.

Una escuela tiene muchos maestros.

Los maestros casi siempre tienen
su propio **salón de clases**.

¿Trabajan en otras partes?

Los maestros a veces trabajan en **hospitales**.

Enseñan a los niños enfermos.

Unos maestros trabajan en casa.

Enseñan a sus hijos.

¿Cuándo trabajan los maestros?

Los maestros trabajan todos los días menos el sábado y el domingo.

Casi todos trabajan de día.

Los maestros se quedan en la escuela cuando los estudiantes se van.

Se preparan para el día siguiente.

¿Qué trabajos especiales hacen?

Unos maestros ayudan a niños que tienen necesidades especiales.

Enseñan a los niños que no oyen o no ven.

Unos maestros enseñan a los niños
a hablar mejor.

Otros enseñan a niños que saben
otros idiomas.

¿Qué clases de maestros hay?

Los maestros substitutos no enseñan todos los días.

Enseñan cuando otros maestros se enferman.

Otros maestros sólo enseñan
arte o música.

Este maestro está dando clase
de gimnasia.

¿Dónde aprenden los maestros?

Los maestros estudian en la universidad.

También aprenden de otros maestros.

Los maestros tienen que practicar
su trabajo.

A los maestros les encanta aprender.

Prueba

¿Recuerdas cómo se llaman estas cosas?

Busca las respuestas en la página 24.

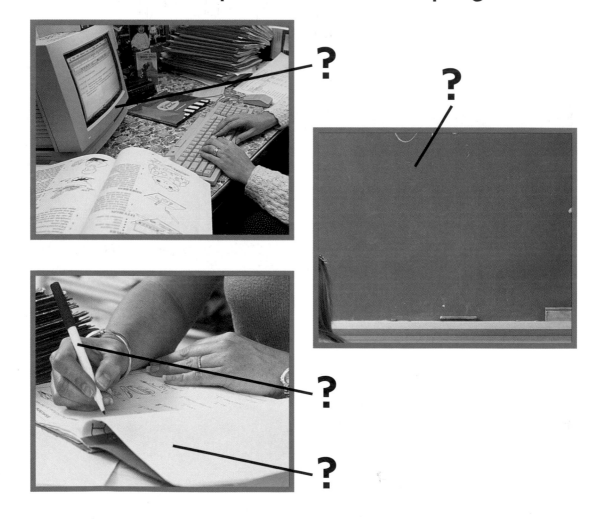

Glosario en fotos

tiza
página 8

computadora
página 9

pizarrón
página 8

hospital
página 12

salón de clases
páginas 6, 11

Nota a padres y maestros

Leer para buscar información es un aspecto importante del desarrollo de la lectoescritura. El aprendizaje empieza con una pregunta. Si usted alienta a los niños a hacerse preguntas sobre el mundo que los rodea, los ayudará a verse como investigadores. Cada capítulo de este libro empieza con una pregunta. Lean la pregunta juntos, miren las fotos y traten de contestar la pregunta. Después, lean y comprueben si sus predicciones son correctas. Piensen en otras preguntas sobre el tema y comenten dónde pueden buscar la respuesta. Ayude a los niños a usar el glosario en fotos y el índice para practicar nuevas destrezas de vocabulario y de investigación.

Índice

Respuestas de la página 22

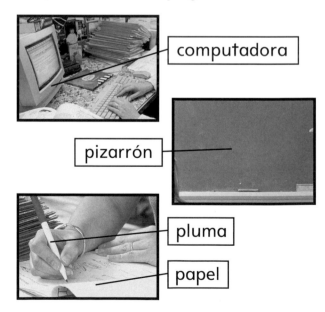

computadora

pizarrón

pluma

papel